글 양화당

햇살 좋은 사무실에서 어린이책을 기획하고 집필하는 일을 하고 있습니다.
어린이들이 재미있게 읽으면서도 마음의 양식으로 삼을 수 있는 따뜻하고
영양가 있는 책을 많이 쓰고 만드는 게 꿈이랍니다.
쓴 책으로 <새콤달콤 열 단어 과학 캔디> 시리즈, <보글보글 열 단어 한국사 라면> 시리즈,
『신비아파트 공부 귀신 1. 발명품이 사라졌다!』, 『신비아파트 학교 귀신 1. 학교생활을 도와줘!』
등이 있습니다.

그림 허현경

고양이 쥰과 살고 있습니다. 그림이 좋아서 일러스트레이터로 활동하며
어린이책과 잡지에 다양한 그림을 그리고 있습니다.
그린 책으로는 『오디세우스의 모험 일지』, 『야옹 의사의 몸 튼튼 비법 노트』,
『더 좋은 세상을 만든 착한 발명』, 『오늘부터 공부 파업』 등이 있습니다.

K탐정의 척척척 대한민국 2
옹 아저씨, 대통령 선거에 나가다!

초판 1쇄 발행 2022년 3월 4일 | 초판 7쇄 발행 2024년 12월 16일
글 양화당 | 그림 허현경

발행인 이봉주 | 편집장 안경숙 | 편집관리 윤정원 | 편집 이혜진 | 디자인 권은영, 정진선
마케팅 정지운, 박현아, 원숙영, 김지윤, 황지영 | 제작 신홍섭

펴낸곳 (주)웅진씽크빅 | 주소 경기도 파주시 회동길 20 (우)10881
문의전화 031)956-7523(편집), 031)956-7569, 7570(마케팅)
홈페이지 www.wjjunior.co.kr | 블로그 blog.naver.com/wj_junior | 페이스북 facebook.com/wjbook
트위터 @new_wjjr | 인스타그램 @woongjin_junior
출판신고 1980년 3월 29일 제406-2007-00046호 | 제조국 대한민국 | 사용연령 7세 이상

글 ⓒ양화당, 2022 | 그림 ⓒ허현경, 2022
저작권자와 맺은 특약에 따라 검인을 생략합니다.

ISBN 978-89-01-25832-4 74300 · 978-89-01-25830-0 74300(세트)
*잘못 만들어진 책은 바꾸어드립니다.

웅진주니어는 (주)웅진씽크빅의 유아·아동·청소년 도서 브랜드입니다.
저작권법에 의해 한국 내에서 보호를 받는 저작물이므로 무단 전재와 무단 복제를 금지하며,
이 책 내용의 전부 또는 일부를 이용하려면 반드시 저작권사와 (주)웅진씽크빅의 서면 동의를 받아야 합니다.

⚠️주의
1. 책 모서리가 날카로워 다칠 수 있으니 사람을 향해 던지거나 떨어뜨리지 마십시오. 2. 보관 시 직사광선이나 습기 찬 곳은 피해 주십시오.

일러두기 121쪽에 언급된 '어린이 선거법 통과'는 이야기 이해를 돕기 위한 가상의 설정임을 밝힙니다.

양화당 글 | 허현경 그림

2 웅 아저씨, 대통령 선거에 나가다!

웅진주니어

K탐정 프로필

나이: 13세
학력: 어린이 탐정학교 수석 졸업
장래 희망: 셜록 홈스를 뛰어넘는 명탐정
특기: 최소한의 실마리로 사건 해결하기
취미: 사람 관찰하기

어느 날 난 할아버지 댁 벽장에서 오래된 갓을 발견했어.
갓을 머리에 쓰자 갑자기 아이큐 급상승!
난 새로운 능력을 좋은 데에 쓰기 위해
탐정 사무소를 열었어. 앞으로 나를 대한민국
대표 탐정이라는 뜻으로 K탐정이라고 불러 줘.

홍 할머니
70세가 넘은 나이지만 체력은 100%, 열정은 200%인 만능 스포츠맨. 전용 킥보드를 타고 다니며 온갖 동네일에 참견하는 걸 좋아함.

셰프 총각
언제나 국자를 몸에 지니고 있는 자칭 최고의 요리왕. 잘생기고 성격도 좋아서 마을 사람들에게 인기 최고임.

공차칸
홍 할머니의 손자. 마음씨 착하고 항상 남을 돕는 일을 좋아해서 얼마 전에 '착한 어린이상'을 받음.

한자랑
공차칸의 단짝 친구. 있는 척, 잘난 척, 똑똑한 척이 취미라 살짝 얄밉지만 마음은 착한 편임.

차례

1장 대통령을 뽑는다고? 10

오 마이 갓 백과 　대통령은? ·19
K탐정의 세계 탐구 　모든 나라에 대통령이 있어? ·28

2장 선거랑 민주주의가 무슨 관계? 30

오 마이 갓 백과 　민주주의란? ·38 　　에필로그 　옹 아저씨의 결심! ·42

3장 다수결로 결정한다고? 44

오 마이 갓 백과 　다수결이란? ·51
K탐정의 세계 탐구 　다수결은 항상 옳을까? ·54

**4장
공약이 뭐야?**
56

오 마이 갓 백과 공약이란? ·62
K탐정의 세계 탐구 약속을 지킨 대통령 ·70

**5장
투표가 선거야?**
72

오 마이 갓 백과 비밀 선거란? ·79
K탐정의 세계 탐구 다른 나라는 어떻게 투표해? ·86

**6장
선거 결과를 어떻게 알지?**
88

오 마이 갓 백과 개표란? ·97
K탐정의 세계 탐구 세계의 특별한 대통령 ·106

**7장
드디어 대통령이 되다!**
108

K탐정의 세계 탐구 세계 대통령은 어디에 살까? ·116
오 마이 갓 백과 삼권 분립이란? ·119

1장
대통령을 뽑는다고?

밤마다 좋은 일을 하는 사람을 찾아 달라고?
나, K탐정이 나서면 해결 못 할 사건이란 없어.
사건을 해결하려면 먼저 현장을 둘러봐야 해.

그다음엔 현장을 촬영한 CCTV를 돌려 봤어.
사건이 일어날 때마다 현장에 나타난 사람은
모두 네 명이야.

네 명을 직접 만나 보면 확실해지겠지.

첫 번째 용의자는 방 시장.
낮에도 일을 안 하는데, 밤에 일어나 일을 할 리가 없어.
두 번째 용의자는 공차칸 어린이.
큰 가로수를 들어서 옮기기에는 너무 어리고 작아.

마지막 용의자는 옹 아저씨와 셰프 총각.
수리한 보도블록과 가로수 지지대는 모두 분홍색이었어.
옷 색깔을 보면 둘 중에 분홍색을 좋아하는 사람은
옹 아저씨야.

대통령은?

우리나라를 책임지고 다스리는 사람.

나라를 안전하게 지키고, 국민이 행복하도록 돌보는 일을 하며,

외국에 나가서는 우리나라를 대표해서 일을 처리한다.

대통령은 우리나라를 대표하는 사람이니만큼 평소에 하는 일도 많아. 어떤 일들을 하는지 알아볼까?

우리나라에는 언제부터 대통령이 있었을까?
처음으로 대통령을 뽑았을 때 어떤 일이 있었는지 알아보자.

그럼 우리나라 대통령이 되려면 어떤 자격이 필요할까?

자격은 간단해. 우리나라 국민이라면, 직업이나 학력 등에 관계없이 대통령이 될 수 있어.

물론 옹 아저씨도 가능해. 하지만 몇 가지 조건을 통과해야 해. 지금부터 옹 아저씨가 대통령 후보 자격이 있는지 심사해 볼까?

옹 아저씨는 대통령 후보 자격이 충분한 걸로 밝혀졌어.

"대통령을 원수라고 부른다고?"

"원수는 외나무다리에서 만난다더니."

"그 원수 아니야. 난 대통령이라고!"

여기서 원수는 '원한이 맺힌 사람'을 뜻하는 원수가 아니야. 한 나라에서 으뜸가는 권력을 지니고 나라를 다스리는 사람을 말해. 왕이 다스리는 나라에서는 왕이, 대통령이 다스리는 나라에서는 대통령이 원수야.

"대통령을 상징하는 동물이 용이야?"

우리나라 대통령을 상징하는 동물은 용이 아니라 봉황이야. 봉황은 상상의 새인데, 새 중의 으뜸으로 여겨. 이 새가 나타나면 세상이 태평해진다고 해. 우리나라 대통령이 사용하는 물건에는 봉황 두 마리가 무궁화를 사이에 두고 마주 보는 문양이 새겨져 있어.

모든 나라에 대통령이 있어?

우리나라는 대통령이 있지만, 대통령이 없는 나라도 있어.
다른 나라는 어떤 사람이 나라를 대표하는지 알아볼까?

영국
현재 여왕이 나라를 대표해. 국민의 존경을 받지만 직접 나랏일을 하지는 않아. 실제로 나라를 다스리는 사람은 총리야.

바티칸 시국

교황이 나라를 대표하고, 나라를 다스리는 모든 권리를 가져. 교황은 전 세계 가톨릭교도를 대표하는 인물이기도 해.

이란
대통령이 있지만, 대통령 위에 최고 지도자를 뜻하는 '라흐바르'가 있어. 라흐바르는 종교 지도자이지만, 이란의 나랏일을 책임지기도 해.

2장
선거랑 민주주의가 무슨 관계?

마을 사람들은 슈퍼 문을 강제로 열어 보고는 깜짝 놀랐어.
항상 깔끔하던 슈퍼 안이 엉망이 되어 있었거든.

도둑이 들었나?

아저씨가 납치된 거 아니에요?

K탐정, 응 아저씨가 사라졌어!

누가 사라졌다고?

음, 어쩐지 슈퍼 앞을 지날 때 이상한 기분이 들더라니.
지금부터 옹 아저씨가 사라진 비밀을 밝힐 테니,
슈퍼 안의 물건을 절대 만지지 말도록!

바닥에 뭔가 떨어져 있네.
혹시 유리문에 붙였던 종이인가?

여길 봐! 옹 아저씨가 유리문에 붙여 두고 간 종이야.
옹 아저씨는 납치된 게 아니었어.

어? 공책에 메모했던 글씨 자국이 보이네?
이럴 땐 연필로 살살 덧칠해 보면 글씨가 나타나지.

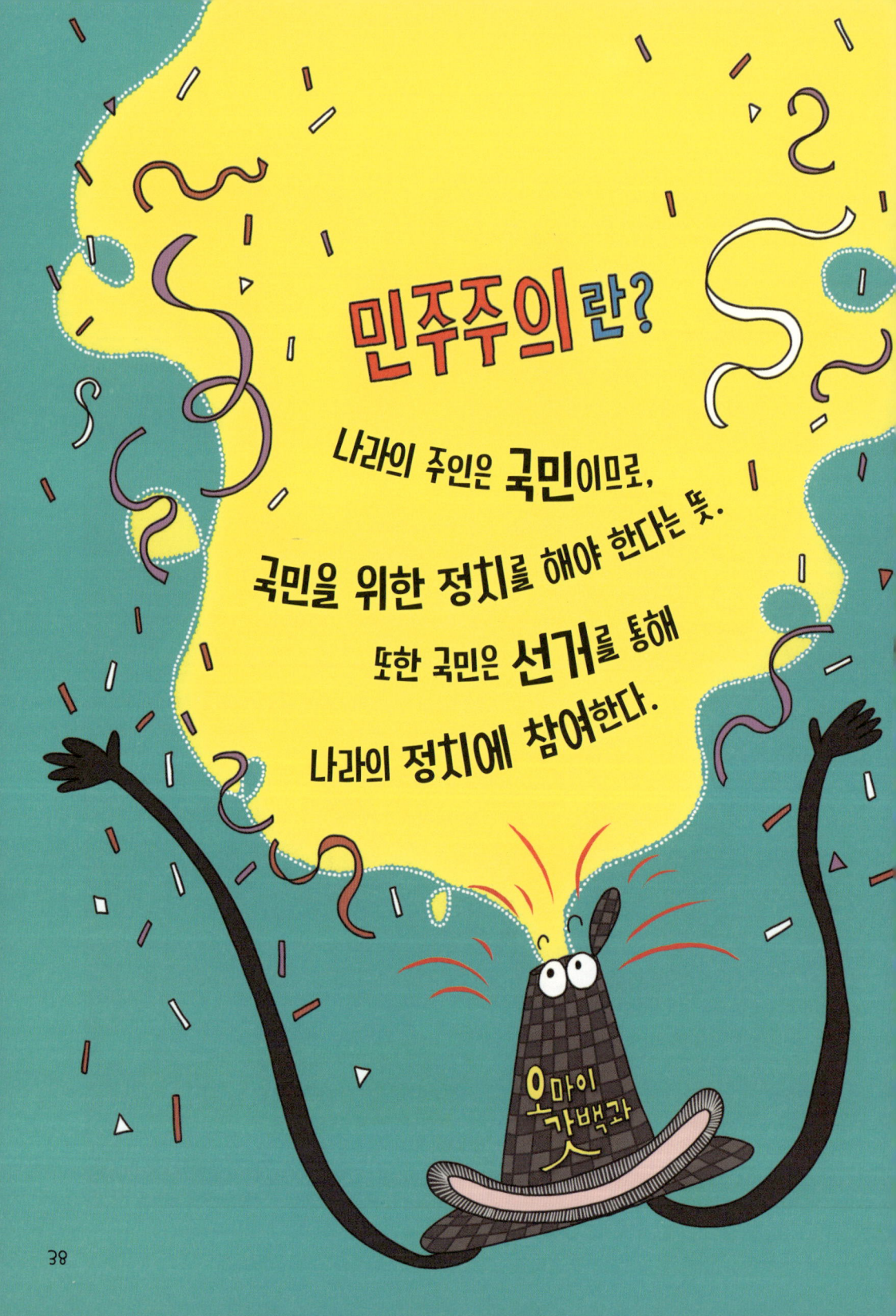

오래전 미국 대통령 에이브러햄 링컨은 유명한 연설을 했어.

이 유명한 연설은 민주주의를 아주 잘 설명하고 있지. 무슨 뜻인지 궁금하지? 하나씩 차근차근 알아보자.

국민의

'국민을 나라의 주인으로 생각하겠습니다.'란 뜻이야.
여기서 국민은 남녀노소 가리지 않고 모든 사람을 말해.

국민에 의한

'국민이 직접 나랏일에 참여하도록 하겠습니다.'란
뜻이야. 여기서 직접 참여하는 방법이 '선거'야.
국민은 선거를 통해 대통령이나 국회의원을 직접 뽑고,
이들은 국민을 대신해 나랏일을 하지.

국민을 위한

'국민의 행복을 위해 일하겠습니다.'란 뜻이야.
그러려면, 국민이 원하는 게 뭔지 항상 귀를 기울여야 해.

3장
다수결로 결정한다고?

정당에 가입하면 유리한 점이 많아. 왜냐하면, 정당은 정치적인 생각이 비슷한 사람들의 모임이거든.

그래서 정당의 대통령 후보가 되면, 정당에 속한 많은 사람이 응원해 주고, 선거 운동도 도와주니까 훨씬 좋아.

정당이 없어도 전국의 많은 사람에게 추천을 받으면 후보가 될 수 있어. 이런 사람을 무소속 후보라고 해.

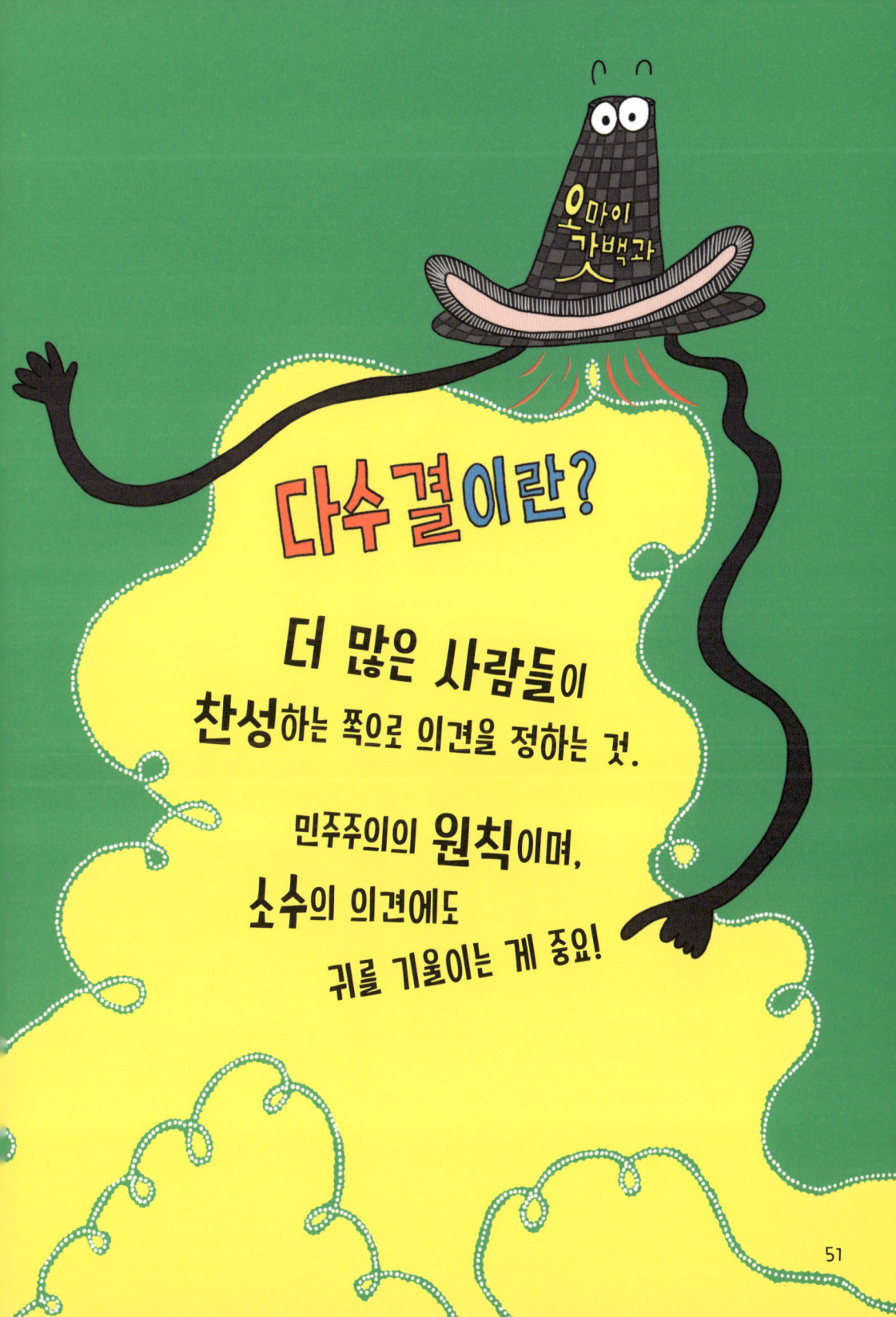

일상생활에서 다수결로 의견을 정하는 경우는 아주 많아.

이때는 누구나 자유롭게 자기 생각을 말하고,
자기가 원하는 사람에게 투표할 수 있어야 해. 그러지 않고,
자기편이 되라며 투표하는 사람에게 겁주면 안 돼!

그리고 다수결로 결정했으면, 내 생각과 다르더라도
그 결정에 따라야 한다는 것도 잊지 마!

K탐정의 세계 탐구

다수결은 항상 옳을까?

다수결로 정한 일이 아주 끔찍한 결과를 만들기도 했어.
독일 사람 히틀러 이야기를 들어 볼래?

독일은 제1차 세계 대전에서 진 뒤, 경제가 아주 어려워졌어.

일자리가 없네.

물가가 너무 올라 살기 힘들군.

이때 나타난 사람이 아돌프 히틀러야.

독일은 내가 구한다!

히틀러는 독일 노동당인 나치스당에 들어갔어.

나치스당

그리고 정당 대표를 뽑는 선거에 나가 대표까지 되었어. 놀랍게도 히틀러가 딱 1표를 더 많이 받았거든.

히틀러, **1**표 차이로 승리!

4장 공약이 뭐야?

새로 들어온 선거 운동원이 의심스럽다고?
그렇다면, 내가 조사해서 다 밝혀 주지.

탐정의 촉으로 볼 때 순수 씨는 뭔가 숨기는 게 있어.

어? 점심 먹으러 또 혼자 나가잖아.

나는 이때다 싶어 순수 씨의 뒤를 밟았어.

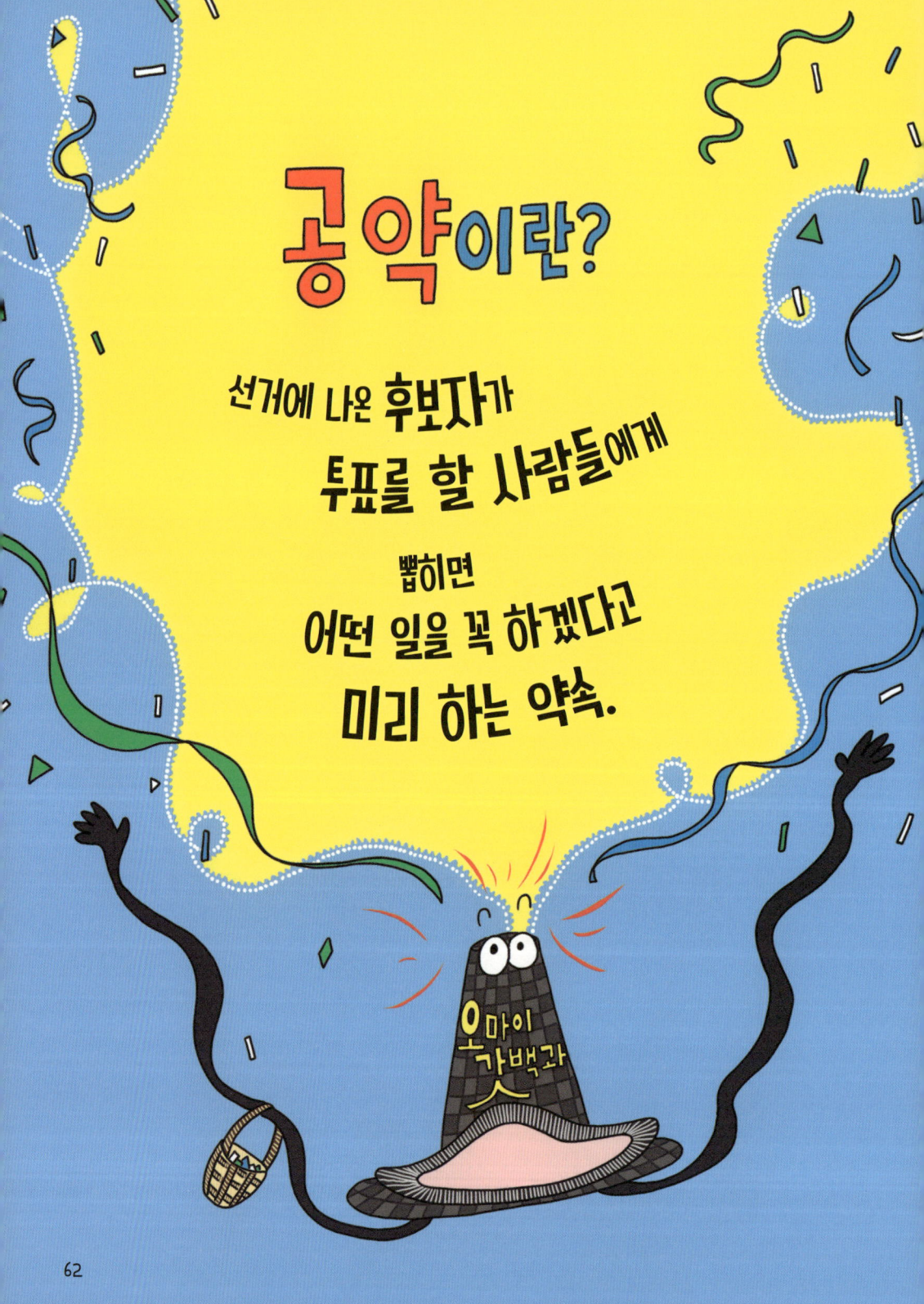

투표할 사람들은 후보자의 겉모습만 보고는
그 사람이 갖고 있는 생각이나 능력까지 알 수 없어.

그래서 후보자는 공약을 발표해 자신이 대통령 일을
잘할 수 있다는 걸 사람들에게 알리는 거지.

대통령 후보들이 어떤 공약을 냈는지 볼까?
선거 벽보에는 후보자들의 대표 공약이 적혀 있기도 해.

기호 1번 대충당 **방만해**

공부도 빨리빨리 대충대충!
초등학교부터 고등학교까지
1년에 후딱!

기호 2번 미남당 **나훈남**

대한민국을 미남 공화국으로!
성형 수술비 무료 지원!
미남 우선 직장 채용!

다들 너무 진지해.
난 웃는 표정으로.

기호 5번 무쪽 오레드
외계인을 국민으로!

잘 모를 땐 공약이 아래 세 가지 조건을 만족하는지 살펴봐.
첫째, 나라 발전에 도움이 되는 공약인가?
둘째, 국민 대부분에게 혜택이 돌아가는 공약인가?
셋째, 실제로 할 수 있는 현실적인 공약인가?

 K탐정의 깜짝 퀴즈

대통령 후보의 번호는 나이순이야?

후보자는 소속된 정당의 번호를 받아. 의원이 있으면 의원 수가 많은 순서로, 의원이 없으면 정당 이름의 가나다 순서로 번호를 받지. 그다음, 정당이 없는 후보자들은 추첨을 통해 번호를 받아.

선거 벽보에 낙서하면 벌을 받아?

선거 벽보는 국민의 세금으로 나라에서 만들어 붙인 거야. 장난으로 벽보에 낙서를 하거나 찢으면 벌을 받아. 벌금 400만 원을 내거나 감옥에 2년 동안 갇힐 수도 있어.

후보자들은 자신의 공약을 알리기 위해 바쁘게 선거 운동을 해. 옹 아저씨는 어디서 무얼 하고 있나 볼까?

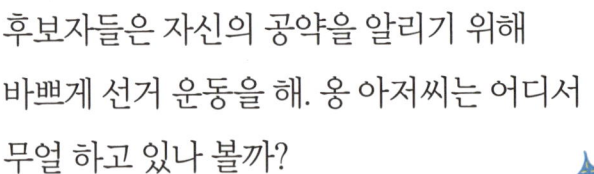

약속을 지킨 대통령

약속을 잘 지키는 사람이 신뢰가 가는 법이지. 국민과의 작은 약속을 소홀히 여기지 않고 잘 지킨 대통령의 이야기를 들어 볼까?

5장 투표가 선거야?

선거랑 요리왕 대회가 겹쳐서 고민이라고?
이 정도 일은 식은 죽 먹기지!

대통령 선거, 국회의원 선거처럼
전 국민이 나라의 일을 결정하려고 중요한 한 표를
행사하는 걸 '투표'라고 해.
그래서 더 많은 사람이 투표에 참여할 수 있도록
선거일은 임시 공휴일로 정하고 있지.

하지만 출장, 여행 등 어쩔 수 없는 사정으로
선거일에 투표를 할 수 없는 사람도 있어.
이 사람들을 위한 제도가 사전 투표야.

비밀 선거란?

누구에게 **투표**했는지 다른 사람에게 **알리지 않는** 선거.

투표용지에 투표하는 사람의 이름을 쓰지 않고, **투표한 내용을 다른 사람에게 밝히지 않는다.**

비밀 선거는 투표를 공정하게 치르기 위한 중요한 원칙이야. 다른 사람에게 선택을 강요받지 않고, 자유롭게 원하는 대로 투표한다는 원칙 말이야.

이것 말고도 선거에는 세 가지 원칙이 더 있어. 그게 뭐냐고?

3월 9일, 드디어 대통령 선거일이야.
아침에 눈을 뜨자마자 홍 할머니는 단체 문자를 보냈어.

보통 많은 사람이 모이기 쉬운 학교, 교회, 문화 센터 같은 곳을 투표소로 정해서 이용해.

선거일은 항상 수요일이야?

대통령 선거를 비롯한 우리나라의 주요한 선거는 모두 수요일에 치러. 하지만 2017년 대통령 선거는 어쩔 수 없는 사정으로 딱 한 번 화요일에 치렀어.

꼭 투표소에 가야 투표할 수 있어?

병원, 요양원에 머무는 환자나 장애가 있어서 움직이기 어려운 사람은 투표용지를 작성해서 우편으로 보낼 수 있어. 또 원양 어선을 타고 먼바다에서 일을 하는 선원은 선상 투표를 해서 팩스로 결과를 보내.

다른 나라는 어떻게 투표해?

우리는 투표용지에 도장을 찍어 투표하지만, 모든 나라가 그런 건 아냐.
투표용지 모양이나 투표를 하는 방법은 나라마다 조금씩 달라.

일본

일본은 투표용지에 직접 이름을 써서 투표해. 이름이 틀리면 무효표가 될 수 있어서 일본 후보자들은 이름을 정확하게 알리는 게 아주 중요해.

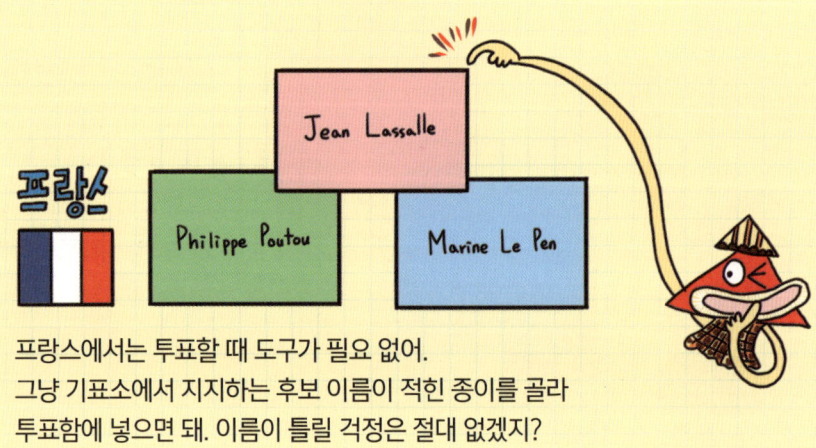

프랑스에서는 투표할 때 도구가 필요 없어.
그냥 기표소에서 지지하는 후보 이름이 적힌 종이를 골라 투표함에 넣으면 돼. 이름이 틀릴 걱정은 절대 없겠지?

튀르키예

튀르키예는 후보자들의 사진을 투표용지에 인쇄해.
글자를 못 읽어도 얼굴로 구별해 도장을 찍을 수 있지.

인도

인도에서는 글자를 모르는 사람들을 위해
후보자가 속한 정당의 상징을 투표용지에 그려 둬.
그리고 전자 투표 방식이어서 그림 옆의 버튼만
누르면 투표 완료야!

나라마다 방법은 달라도
투표는 자신의 의견을 나타내는
소중한 방법이란 걸 꼭 기억해!

6장

선거 결과를 어떻게 알지?

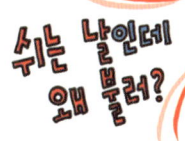

휴일도 없이 일하는 나, K탐정이 말해 주지.
'입구'의 반대는 뭐지?
맞아. '출구, 나오는 곳.' 이제 좀 감이 와?
출구 조사란 '투표를 마치고 나오는 사람들에게
투표 내용에 대해 물어보는 여론 조사'야.

출구 조사는 방송사들이 사람들의 궁금증을 풀어 주고,
시청률을 높이기 위해 처음 시작되었어.

출구 조사를 할 땐 꼭 지켜야 할 게 있어.

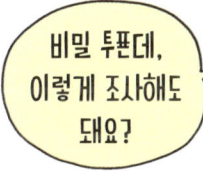

단, 출구 조사로 알게 된 사실은
투표가 끝나는 오후 6시까지 절대 발표하면 안 돼!

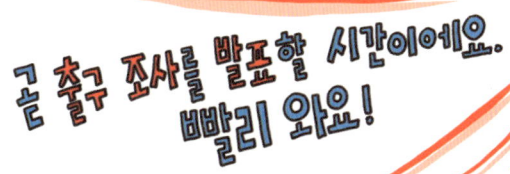

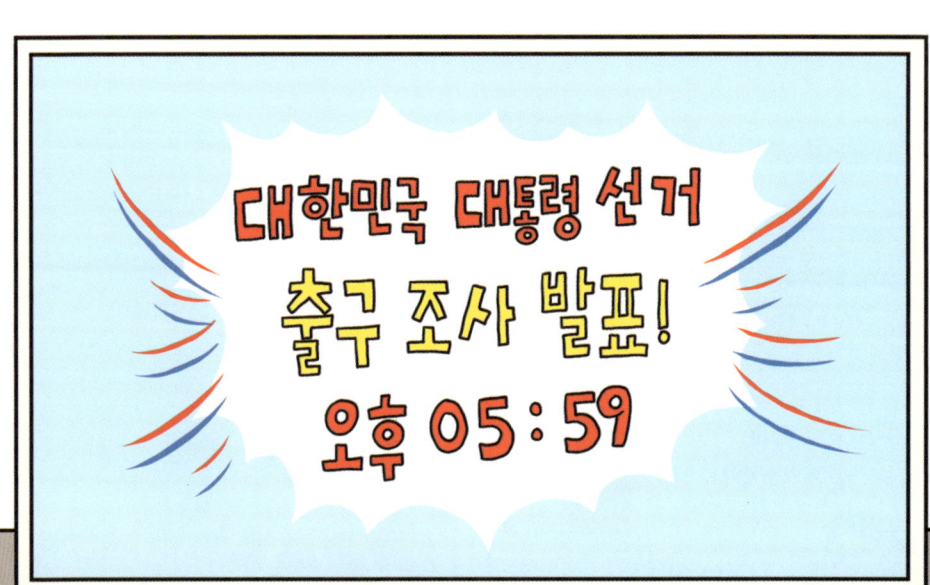

자, 이걸 봐! 후보들의 지지율이야. 선거 6일 전까지는 사람들이 누굴 지지하는지 조사해서 발표할 수 있거든. 옹 아저씨는 점점 지지율이 높아지고 있어. 이런 추세라면, 옹 아저씨는 방만해를 앞설 가능성이 있지.

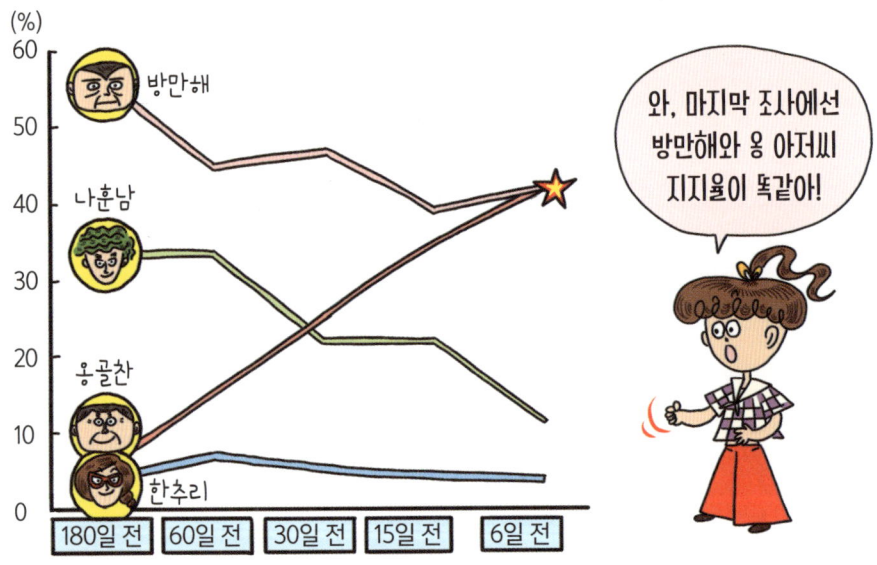

그러니까 정확한 결과는 개표를 해야 알 수 있다는 말씀!

개표란?

투표함을 열어 각 후보가 얻은 투표수를 세어 보는 것.

공정하게 세고,
한 표라도 많은 사람이
이긴다.

보통 개표는 체육관처럼 넓은 장소에서 해.
개표하는 과정은 중앙 선거 관리 위원회에서 맡아 진행하지.
어떻게 개표가 이뤄지는지 볼까?

1. 투표함을 실은 차가 개표 장소로 출발!

2. 도착한 순서대로 투표함 열기

무효표는 투표수에 포함되지 않아.
무효표가 안 되려면, 정해진 투표용지에
정해진 도장으로 딱 한 곳에 정확히 표시해야 해.
다음 중 무효표는 어떤 걸까?

그나저나 개표 결과는 어떻게 되어 가나 볼까?

가장 많은 표를 얻은 사람이 2명이면 투표를 다시 해?

국민 투표를 다시 하진 않아. 대신 국회에서 국회의원 절반 이상이 참석한 가운데 2명에 대한 투표를 다시 해. 여기서 더 많은 표를 얻은 사람이 대통령이 돼.

개표가 끝나면, 투표용지는 버리는 거야?

투표용지는 지역의 선거 관리 위원회 사무실로 옮겨서 3개월~2년 정도 보관해. 혹시 표를 검사해 보자는 사람이 있으면 다시 열어 봐야 하거든. 그다음엔 파쇄기에 넣어 모두 없애지.

세계의 특별한 대통령

지금까지 세계 여러 나라에서는 수많은 대통령 선거가 치러지고, 수많은 대통령이 당선되었지. 그중 특별한 사람들을 만나 볼까?

조지 워싱턴

1789년에 미국의 첫 대통령이 되었어. 미국은 세계에서 처음으로 대통령제를 시작했으니까, 조지 워싱턴은 세계 최초의 대통령이기도 해.

프랭클린 루스벨트

휠체어를 탄 대통령으로 유명해. 39세에 소아마비에 걸려 못 걷게 되었지만 포기하지 않고 대통령 선거에 나가 당선되었지. 그 뒤로 세 번이나 더 미국 대통령이 되었어.

김대중

대한민국의 15대 대통령이야. 2000년, 대통령 신분으로 노벨 평화상을 받았어. 나라가 남북으로 나뉜 뒤 최초로 남북 정상 회담을 열었거든.

조르주 퐁피두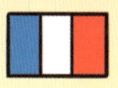

미술관 이름으로 유명한 대통령이야. 프랑스 파리에는 퐁피두 센터가 있는데, 현대 미술 작품을 전시하는 곳으로 세계에서 유명해. 퐁피두 대통령 때 만들어지기 시작해 퐁피두란 이름이 붙었대.

대통령으로 당선되는 건 어렵지만, 대통령이 되면 특별한 일들을 할 수 있지!

7장
드디어 대통령이 되다!

맞아. 대한민국의 대통령 임기는 5년이야.
처음에는 대통령의 임기가 4년이고, 두 번 할 수 있었어.
그런데 사람들은 대통령이 되고 나서 맘이 달라졌어.

국민들의 반대가 거세지자 1987년에 대통령의 임기는 5년,
딱 한 번만 할 수 있도록 법이 다시 바뀌었어.

우리나라에 대통령을 5번이나 한 사람이 있어?

YES

박정희 대통령이야. 5대에서 9대까지 18년 동안 했어. 역대 대통령 중에서 가장 오래 대통령 자리에 있었지. 가장 짧게 한 대통령은 10대 최규하 대통령으로 7개월밖에 하지 못했어.

대통령 일을 잘 못하면 바꿀 수 있어?

YES

대통령이 멋대로 정치를 하여 나라가 위험해졌다고 판단되면 국회가 논의하고 헌법 재판소가 재판을 열어. 거기서 대통령이 법률에 어긋난 일을 했다고 판결이 나면 대통령을 그만하도록 할 수 있어.

세계 대통령은 어디에 살까?

우리나라 대통령은 청와대에서 생활하는 거 봤지?
다른 나라 대통령이 사는 곳은 어떤 모습일까?

미국의 **화이트 하우스**(백악관)

미국 대통령이 사는 곳이며
수도 워싱턴에서 가장 오래된 건물이야.
영국과의 독립 전쟁 때 영국군이
불태운 궁을 새하얗게 칠한 뒤로
화이트 하우스라고 부르게 되었어.

러시아의 **크렘린**

러시아의 수도인 모스크바에
있는 궁전으로, 옛날 왕들이
중요한 행사를 열었던 곳이야.
20킬로미터가 넘는 성벽으로
둘러싸인 요새로 유네스코
세계 문화유산이기도 해.

"정말 크고 멋지지? 대통령이 지내는 곳이니만큼 보안도 철저하단다!"

"와, 나도 여기서 살고 싶다!"

프랑스의 엘리제 궁전

'천국의 궁'이라는 뜻으로 왕족과 귀족들이 살았던 호화로운 궁전이야. 이곳에는 핵무기 통제 센터도 있어서 정치적으로 아주 중요한 장소야.

아르헨티나의 카사 로사다

영토를 지키던 요새를 대통령 궁으로 만들었어. 건물 벽을 분홍색으로 칠해, '분홍 집' 또는 '핑크 하우스'라는 뜻의 카사 로사다라고 불러.

우리나라는 법으로 나라를 다스리는 힘을 셋으로 나누었어. 이걸 삼권 분립이라고 해. 그래서 대통령도 마음대로 할 수 없어.

세 기관이 하는 일은 다음과 같아.

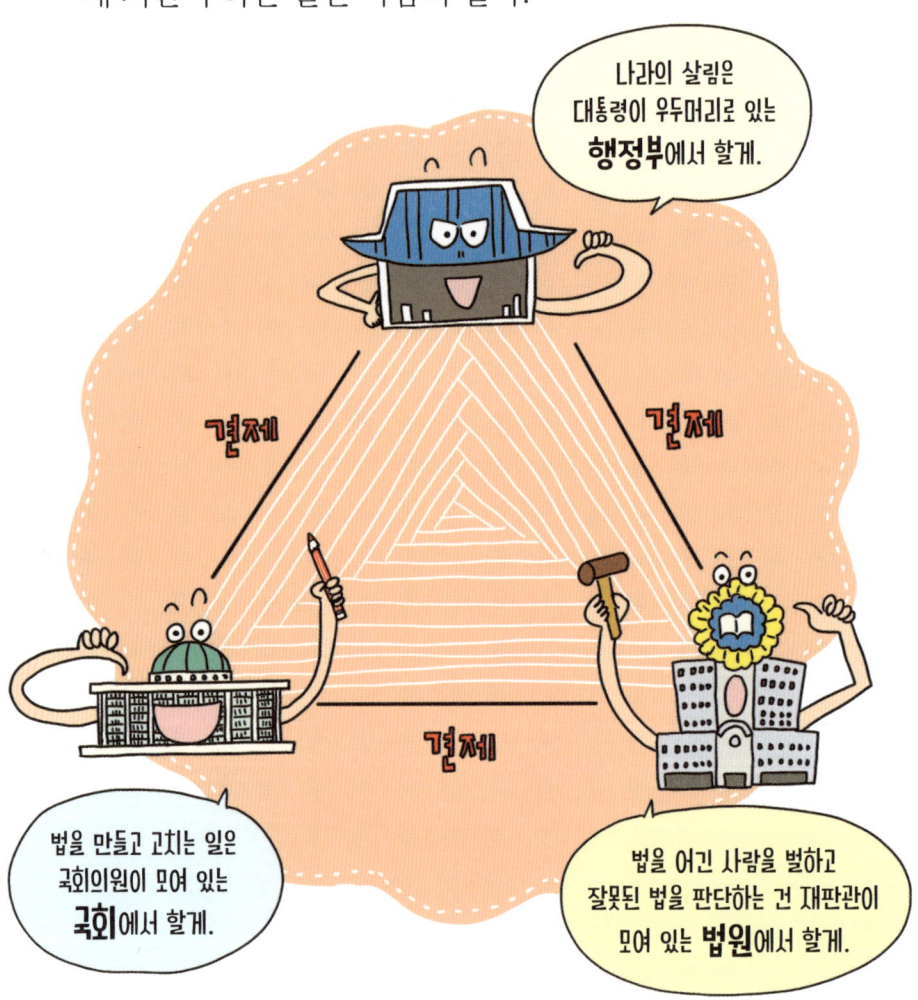

행정부, 국회, 법원은 서로 나랏일을 잘하는지 감시해.
하지만 필요할 땐 협력해서 일을 하지.

옹 대통령의 공약은 어떻게 진행되고 있는지 볼까?

행정부: 어른만 투표하는 건 평등하지 않아요! 기존 법에 문제가 없는지 살펴봐 주세요!

법원: 신중하게 논의할게요.

행정부: 어린이도 선거를 할 수 있도록 법을 만들고 싶어요.

국회: 국회의원 모두 집합!

새로운 법은 법원이 문제 삼지 않으면,
국회의원들이 충분한 논의를 한 뒤 투표로 결정해.

국회의원 절반 이상이 찬성!
어린이 선거법 통과!